Amicalement et Bravo
Stéphane Collaro

Stéphane Collaro
Guy Montagné

TOUS LES CHEMINS MÈNENT AU RHUM

DESSINS DE MATCH3

avec les z'héros
du feuilleton
d'EUROPE 1

DARGAUD
EDITEUR

Edition°1

Imprimé en France par J. Didier 77440 Lizy sur Ourcq
Dépôt légal 2e trimestre 1979 No 79/158
I S B N 2-205-01597-4

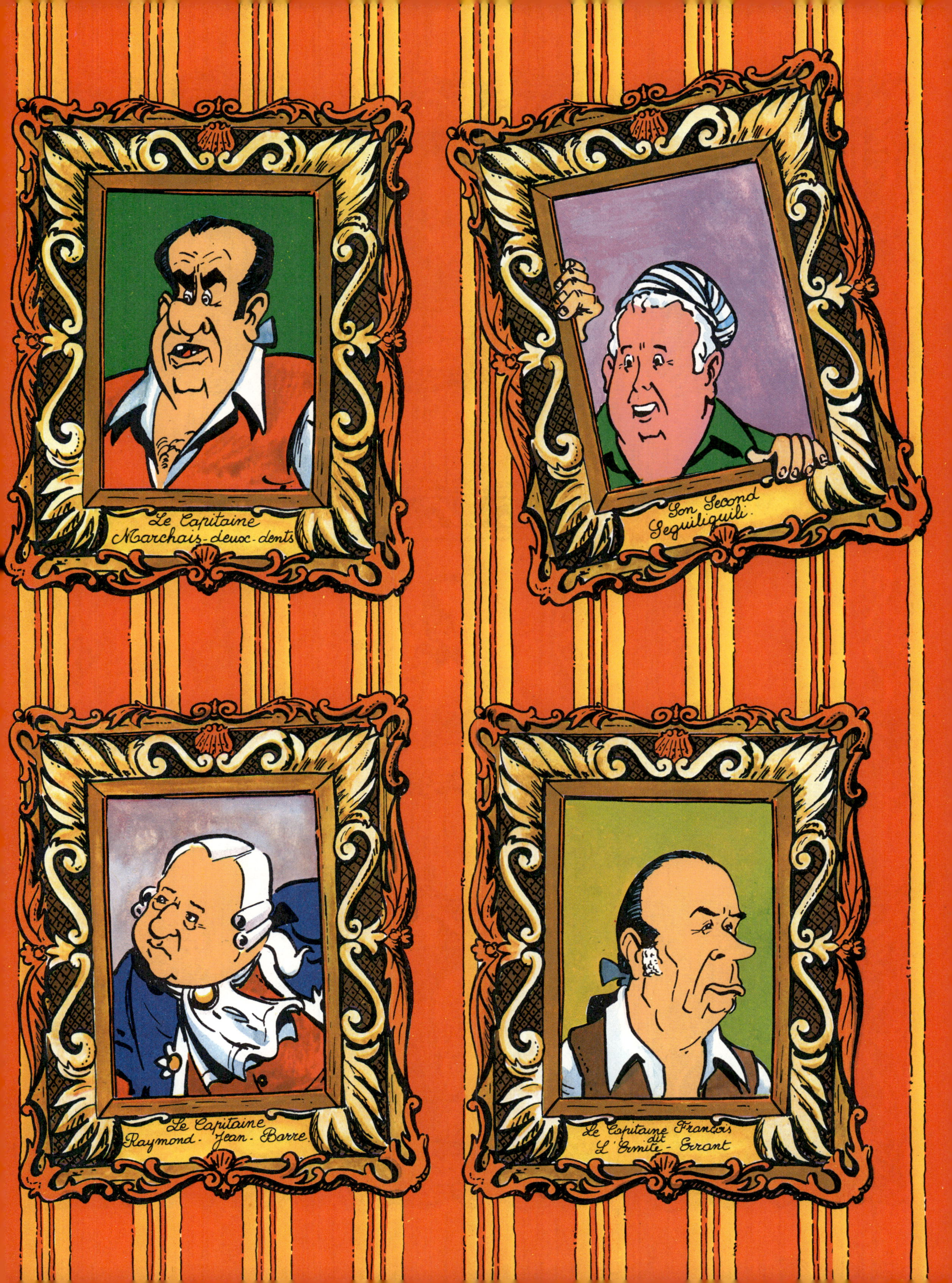
Le Capitaine
Marchais-deux-dents
Son Second
Seguiliguili.
Le Capitaine
Raymond-Jean-Barre
Le Capitaine François dit
L'Ermite-Errant

Simone Veille-au Grain
Surcouf De Nurville.
Le matelot J.P. Lecot.
Un Collaro-Batteur (Aïe
Chirackam Le Raye
Crochet de Fer.
Sheila Lutte-Finale.
Le Barre-man
Le Petit Mousse Jobert-Mon-Froc.

C'est en 1678 que Raymond Jean Barre importe pour la première fois le rhum de la Martinique. La Martinique, une terre convoitée par son ennemi Chirackam le rouge. Nous retrouvons le navire de Raymond Jean Barre: Le Barlu, un solide chalutier construit pour la pêche aux moules sur les eaux de l'Atlantique. Comme le Barlu n'est pas rentable, on l'a surnommé le vaisseau sans gain. Mais, le Capitaine Barre a décidé de renflouer les caisses de l'Etat en l'utilisant pour le transport du rhum...
1

NOUS SOMMES LE 7 NOVEMBRE 1678. LE BARLU EST IMMOBILISÉ DANS LE BROUILLARD...
OH, ZUT, ZUT ZUT! JE NE POURRAI JAMAIS TRANSPORTER MES 100.000 LITRES DE RHUM À LA V.G.E.* COMPAGNIE! IL FAUT QU'ON S'BARRE DE LÀ!
CAPITAINE. CAPITAINE! SI TU RESTES DEHORS, TU VAS ATTRAPER UN RHUME!...
*V.G.E. : VERY GOOD ENTREPRISE
SILENCE, MOUSSAILLON! DONNE DU RHUM À MON RHUME!
DONNE DU RHUM À MON RHUME, DONNE DU RHUM À MON RHUME ET TU VERRAS COMME IL S'EN IRA!...
CAPITAINE, CAPITAINE! UN NAVIRE PAR TRIBORD AVANT!...
MAIS, QUE LE GRAND GEORGES ME CROQUE, C'EST LE NAVIRE DE CHIRACKAM LE ROUGE!
CAPITAINE, CAPITAINE! CHIRACKAM LE ROUGE NOUS LANCE UN FILIN! IL VA NOUS TIRER HORS DE LA BRÛME!...
SAUVÉE!... MA CARGAISON EST SAUVÉE!... MERCI, CHIRACKAM LE ROUGE D'AVOIR ÉTÉ LE TIREUR DES LITRES!
2A
CAPITAINE, CAPITAINE! ATTENTION! CHIRACKAM LE ROUGE NOUS SUIT DEBRÉ!
JE M'ÉTONNAIS DE TANT DE MANSUÉTUDE... MAIS, ÇA DOIT ÊTRE NORMAL, ON EST DANS LA MER MICHEL!
CAPITAINE!... MAIS, C'EST UN ABORDAGE!...
BRANLE BAS DE COMBAT! C'EST LE RHUM QU'IL VEUT! MILLE SABORDS! OÙ EST JOBERT LE PETIT MOUSSE?
JOBERT? IL ESSAIE DE MONTER SUR LES HAUBANS!
SI LES BANCS SONT TROP HAUTS, IL N'A QU'À PRENDRE UN PETIT TABOURET!...
BOUM
PAF
Le Barlu
CAPITAINE, QU'EST CE QU'ON FAIT?
AMENEZ LE GRAND FOC!
AUSSITÔT, LE MOUSSE EXÉCUTE LES ORDRES DU CAPITAINE RAYMOND JEAN BARRE...
MAIS, QU'EST-CE QUE C'EST QUE CET ANIMAL?...
HOUK HOUK HOUK!
BEN, CAPITAINE, VOUS M'AVEZ DIT D'AMENER LE PHOQUE... MOI, J'AI ÉTÉ LE CHERCHER DANS LA CAVE!
C'EST MALIN! AH, C'EST MALOUIN!
CAPITAINE! NOUS SOMMES SAUVÉS! VOILÀ LE NAVIRE DE SURCOUF DE MURVILLE!
2B

...ET C'EST UN DUR COMBAT QUI S'ENGAGE ENTRE LES TROIS NAVIRES. MAIS, BIENTÔT, RAYMOND JEAN BARRE ET SURCOUF DE MURVILLE RÉUSSISSENT À S'ÉCHAPPER !...
BOUM !
...ET, DANS LA JOIE, ILS FÊTENT L'ÉVÈNEMENT EN TRINQUANT AVEC DES VERRES DE RHUM, DES VERRES DE RHUM PEINTS AUX COULEURS NATIONALES, CAR "LE RHUM PEINT C'EST NATUREL !"
ET VLAN... PASSE-MOI LE PUNCH... E ! ET VLAN, FAIS-MOI GOUZI !... AH ! AH !
AH AH ! TU AS TOUJOURS LE MOT POUR RIRE !
HÉLAS, UN NOUVEAU DANGER MENACE NOS ZÉROS PUISQUE VIENT D'APPARAÎTRE À L'HORIZON LE REDOUTABLE ET SANGUINAIRE MARCHAIS DEUX DENTS, SURNOMMÉ AINSI DEPUIS QUE, S'ÉTANT ÉLANCÉ DE SON BATEAU AU BOUT D'UN CORDAGE VERS LE VAISSEAU ADVERSE, IL RATA LAMENTABLEMENT LE BASTINGAGE POUR S'ÉCRASER LA MÂCHOIRE CONTRE LE MÂT DU NAVIRE.
C'EST PAS DE MA FAUTE ! C'EST LE BATEAU QU'AVAIT BOUGÉ !!!
MAIS, ENFIN, C'T'UN SCANDALE ! Y'A PAS UN SEUL TRAVAILLEUR SUR LE PONT !...
C'EST PAS LA PEINE DE DONNER LE PONT AUX TRAVAILLEURS CHAQUE WEEK-END POUR NE PAS QU'ILS EN PROFITENT !
TOUJOURS FURIEUX, LE CAPITAINE MARCHAIS DEUX DENTS VA RETROUVER DANS SA CABINE, SA MAÎTRESSE, LA PLANTUREUSE SHEILA-LUTTE FINALE ASSISE SOUS LE PORTRAIT DE L'IDOLE DE MARCHAIS DEUX DENTS, LE JOVIAL CAPITAINE UNISTE CAR...
OUAIS ! CAR. HEUREUX QUI COMME UNISTE A FAIT UN BEAU VOYAGE !
SHEILA LUTTE FINALE ! APPORTE-MOI UN CORDIAL !
C'EST IMPOSSIBLE ! IL N'Y A PLUS DE RHUM DANS LA SOUTE !
PLUS DE RHUM !... PLUS DE RHUM !... BON, EH BIEN, ÇA N'FAIT RIEN ! Y'A QU'À ATTAQUER LE BATEAU DE RAYMOND JEAN BARRE, Y'EN A PLEIN DEDANS ! QU'EN PENSES-TU, SEGUILIGUILI ?

SEGUILIGUILI, SON FIDÈLE SECOND SURNOMMÉ AINSI PARCE QU'IL RIT TOUT LE TEMPS !
EUEUEUEU ! SI ON LE FAIT PRISONNIER, CAPITAINE, EST-CE QU'ON POURRA LE METTRE À FOND DE CALE, BARRE ? EUEUEUEU !...
AH ! C'EST MALIN !...
"LE SCANDALE", LE BATEAU DE MARCHAIS DEUX DENTS MET LA BARRE À BABORD POUR VENIR BORD À BORD AVEC LE NAVIRE QUE BARRE BARRE. MAIS, SOUDAIN, FAUSSE MANOEUVRE, IL ÉPERONNE LA POUPE DU BARLU !...
BONG
...ET, SUR LE BATEAU DE RAYMOND JEAN BARRE, ON SE PRÉPARE AU COMBAT...
HOULALA ! ÇA VA CHAUFFER ! OÙ EST ALEXANDRE SANGUINETTI ?
AH, BEN, CAPITAINE, ALORS LÀ, ALEXANDRE, IL EST EN HAUT DU MAT !
EH BIEN, FAIS DESCENDRE ALEXANDRE DU MAT !...
OUH...
ALEXANDRE ! LE CAPITAINE DIT QUE TU DESCENDES DU MAT !!!
AAAAA
PAF !
IL EST DESCENDU, CAPITAINE !
ET C'EST TOUT À COUP L'ABORDAGE. UN COMBAT SAUVAGE S'ENGAGE !...
MILLE SABORDS ! MARCHAIS DEUX DENTS NOUS TIRE DESSUS À BOULETS ROUGES !
ÉVIDEMMENT QU'ILS SONT ROUGES, MES BOULETS ! QUELLE COULEUR D'AUTRE VOUS VOULEZ QU'ILS SOYENT ?!
BAOUM
YEAAA !
AH AH AH ! TE VOILÀ, RAYMOND JEAN BARRE !... EN GARDE !
EN GARDE, MARCHAIS DEUX DENTS ! TU VAS PRENDRE UN GRAND COUP DE FABRE !

EN TERME DE PIRATE, L'ARME LA PLUS TERRIBLE, C'EST EFFECTIVEMENT LE FABRE D'ABORDAGE, UNE ARME RADICALE !
LA BATAILLE FAIT RAGE ET C'EST LE CARNAGE...
TCHING DING !
TCHING DING ! TCHING DING ! OUILLE !
AH, ÇA, CAPITAINE, DANS UNE BAGARRE PAREILLE !
MAIS, QUEL EST CE BRUIT ?
MAIS, ENFIN QUEL EST CE BRUIT ?
AH BEN, CAPITAINE, J'AI REPÉRÉ, LÀ BAS ! C'EST SEGUILIGUILI QUI FRAPPE SUR LA TÊTE À SERVAN-SCHREIBER !
TCHING DING OUILLE ! TCHING DING ! OUILLE !
BONG
MAIS, POURQUOI ÇA FAIT CE BRUIT LÀ ?
TCHING !
DING !
AH BEN, CAPITAINE, PARCE QUE ÇA SONNE CREUX !
OUILLE !
C'EST LA LUTTE FINALE !
JE SUIS MAÎTRE DU NAVIRE ! À MOI LE RHUM, MAINTENANT !
ATTACHEZ-MOI TOUT CE BEAU MONDE AU MAT !
AH AH AH ! CAPITAINE RAYMOND JEAN BARRE, J'AI ENFIN DÉROBÉ TA CARGAISON DE RHUM !
TU NE L'EMPORTERAS PAS AU BARADIS !...
EUEUEUEU ! AU BARADIS ! EUEUEU ! ELLE EST BIEN BONNE ! BARADIS ROUGE...EUEUEU !

OH OH! LE TEMPS SE COUVRE! ÇA VA ÊTRE LE PARADIS NOIR... CONTINUONS!
AU LIEU DE RIGOLER, SEGUILIGUILI, OUVRE MOI DONC CETTE BAR... HIC! DE RHUM, ET SERS-MOI UN VERRE!
EUEUEU! VOILÀ, CAPITAINE!
ET, L'ABOMINABLE PIRATE MARCHAIS DEUX DENTS BOIT SANS VERGOGNE AU NEZ ET À LA BARBE À BARRE LE PRÉCIEUX RHUM TANT CONVOITÉ...
IL ME BOIT TOUS MES POTS, IL EST COMPLÈT'MENT MARTEAU, C'EST MON RHU... MEU!
EH NON! LE MARTEAU, C'EST MOI, ESPÈCE DE FOSSILE!...
SLURP!
EUEUEUEU! CAPITAINE MARCHAIS DEUX DENTS, JE VAIS ESSAYER QUELQUE CHOSE SUR LE MATELOT JEAN PHILIPPE LECAT, REGARDEZ! EUEU...
全 YA MA MUTU 流 KADÉRATÉ 米 YOUCHAI YAMA 空 官 KAÏ
PAF!
OUILLE!
AÏE AÏE AÏE! BOBO! OUILLE!!!...
AH AH AH AH!
ET VOILÀ! LECAT... RATÉ! ÇA T'APPRENDRA À FAIRE L'ANDOUILLE!
OUAAAH!

BREF, UNE DISCUSSION S'ENGAGE ENTRE MARCHAIS DEUX DENTS ET SEGUILIGUILI À PROPOS DU SUPPLICE QU'ILS VONT INFLIGER À RAYMOND JEAN BARRE ET À SES HOMMES!
CAPITAINE, ON VA FOUETTER RAYMARD JEAN BON EUEUEU... RAYMOND JEAN BARRE EUEUEUEU!...
MAIS NON, MAIS NON! Y'A PLUS MARRANT!... ATTENDS, DÉTACHE LECAT ET QUE LECAT LE FOUETTE!...
EU EU EU... LECAT LE FOUETTE **LE CALFOUETTE!**... MAIS, IL POURRA PAS, IL N'EST PAS MÉCHANT, LÉCAT...
MAIS SI, MAIS SI! TOUS LES LECAT LE SONT!
EU EU EU! **LE CALEÇON!** EU EU EU!...
J'AI UNE AUTRE IDÉE: ON VA LE PLONGER DANS L'EAU AU BOUT D'UNE AMARRE!
EU EU EU!... D'ACCORD! EUEUEU! MAIS, ALORS, QUE LECAT L'AMARRE! **LE CALAMAR!** EUEUEU!
NAVIRE À BABORD CAPITAINE!
EN EFFET, À CE MOMENT PRÉCIS, SURGIT DE LA BRÛME LE FAMEUX VAISSEAU FANTÔME, PILOTÉ PAR UN ERMITE QUI ERRE DEPUIS DES ANNÉES SUR LES MERS.
QUELLE EST L'HISTOIRE DU VAISSEAU FANTÔME?
C'ÉTAIT IL Y A QUELQUES ANNÉES, UN FIER BATEAU. IL TRANSPORTAIT UNE DEMI DOUZAINE DE ROSES ET DU RHUM. COMME IL VENAIT DU NORD, ON L'AVAIT SURNOMMÉ: "LE SIX ROSES DU FROID"...

TOUT ALLAIT BIEN À BORD, LORSQU'UN JOUR, SURGIT LE NAVIRE DU CAPITAINE ROCARD: "LE ROCARNAVAL" QUI DISPUTE LA SUPRÉMATIE DE LA MER ROUGE AU SIX ROSES DU FROID !...
AUSSITÔT PRÊT À L'ABORDAGE, LE CAPITAINE FRANÇOIS HARANGUE SES MATELOTS, ET LA SCÈNE SE PASSANT SUR LA MER BALTIQUE, C'EST UNE HARANGUE DE LA BALTIQUE...
MATELOTS, MATELOTES ! TENEZ VOTRE FABRE D'ABORDAGE ET SUS À L'ENNEMI !
TOUS SES MATELOTS S'ÉLANCENT À L'ABORDAGE, ET LUI, EN BON CAPITAINE, SE JETTE LE DERNIER DANS LA BATAILLE AU BOUT D'UN FILIN...
AAAIAIAIAIA
PAF
PAF !
PAN
AÏE
PAW
DING
MAIS, HÉLAS, IL A MAL CALCULÉ SON COUP ET REBONDIT SUR LES HAUBANS...
SPOÏNGG
SPLASH
... POUR REPARTIR EN ARRIÈRE ET S'ÉCRASER SUR LE PONT !
PAF !
AH !... J'AI DÛ VISER TROP À DROITE... JE RECOMMENCE...

40 FOIS, 50 FOIS, LE VALEUREUX CAPITAINE FRANÇOIS VA ESSAYER EN VAIN DE S'ÉLANCER SUR LE BATEAU ADVERSE...
AAAAIAIAIAIAIAIAIAIAIAI
SPOING
SPLASH!
MAIS, PENDANT CE TEMPS, HÉLAS, LES DEUX NAVIRES SE SONT ÉCARTÉS ET IL SE RETROUVE TOUT À COUP SEUL À BORD...
SPOING!
AAA IAIAIAI
PAF!
C'EST AINSI QU'IL VA ERRER DES ANNÉES DURANT SUR LES MERS POUR DEVENIR L'ERMITE ERRANT, QUI S'APPROCHE MAINTENANT DU "SCANDALE"...
EUEUEU, CAPITAINE, Y'A QU'À S'ASSOCIER AVEC L'ERMITE ERRANT... ENVOYONS-LUI UNE CHALOUPE !...
AH !... UNE CHALOUPE ? C'EST BIEN LE CAS DE LE DIRE... DÈS QU'ON ESSAIE DE S'ASSOCIER AVEC LUI, "CHALOUPE" À TOUS LES COUPS !...

IL FAUT DIRE QUE LE CAPITAINE MARCHAIS DEUX DENTS SE MÉFIE DU CAPITAINE FRANÇOIS ET QU'IL L'A À L'OEIL... AÏE !
EH, OH, DE L'ERMITE ERRANT ! BOUGE PAS, ON T'ENVOIE UNE CHALOUPE !
JE PRÉFÈRE ARRIVER À BORD DIGNEMENT COMME UN CORSAIRE QUI SE RESPECTE... AU BOUT D'UN CORDAGE !
AAAA...IAIAI AIAIA
SPOINGG
PAF
DIS, L'ERMITE ERRANT, QUAND TU AURAS FINI DE FAIRE LE CLOWN, ON T'ENVERRA UNE CHALOUPE !
SPLASH !
NON, JAMAIS ! NON ! IL N'Y A AUCUNE RAISON POUR QUE JE N'Y ARRIVE PAS ! J'ESSAYE ENCORE !
JE DÉMÉNAGE !
AAAAA...IAIAIAIAIAIAIAIAI...
SPOING
SPLASH
BONG PAF !
BON, BON ! D'ACCORD ! FINALEMENT, "IN CHALOUPE", ENVOYEZ-MOI UNE CHALOUPE. C'EST LA DERNIÈRE CONCESSION QUE JE VOUS FAIS ! MAIS, JE CONSIDÈRE CE PROGRAMME COMME UN GRAND PAS EN AVANT !...
PLOUF !
PLOUF !
AH, BIEN !... TIENS, C'EST SEGUILIGUILI QUI C.G.T. À L'EAU !

*GASTON DEFERRE DÉPUTÉ DES BOUCHES-DU-RHÔNE ...

L'AMBIANCE EST JOYEUSE SUR LE PONT OÙ ILS BOIVENT UNE À UNE LES BOUTEILLES DU PAUVRE RAYMOND JEAN BARRE QUI ESSAIE EN VAIN DE LES ARRÊTER...
OH, MESSIEURS, SI VOUS BUVEZ TROP DE RHUM, VOUS NE POURREZ PLUS NAVIGUER ET VOUS ALLEZ ARRIVER À LA BERGE...RONDS !
EUEUEU ! À LA BERGE RONDS, BERGERON ! IL NE MANQUAIT PLUS QUE LUI !
EH, TAIS-TOI, SEGUILIGUILI, AU LIEU D'RIGOLER, TIENS, VERSE-NOUS À BOIRE !...
EUEUEU, CAPITAINE, Y'A PLUS QU'UNE SEULE BOUTEILLE !...
EH, MAIS, ÇA N'EST PAS GRAVE ! RAYMOND JEAN BARRE A SÛREMENT UNE RESERVE DE CÔTÉ... ALLEZ, RAYMOND JEAN BARRE, OÙ ELLE EST TA RESERVE ?
JE LE DIRAI PAS, NON NON, JE LE DIRAI PAS !...
EH BIEN, POUR LE FAIRE PARLER, Y'A QU'À LE FAIRE BOIRE... ALLEZ, SEGUILIGUILI, DÉTACHE LE MATELOT LECAT ET QU'IL FASSE BOIRE LA DERNIÈRE BOUTEILLE À RAYMOND JEAN BARRE !
EUEUEU ! C'EST RIGOLO ! J'OUVRE LA BOUTEILLE ET IL FAUT QUE LECAT L'EN BOURRE ! EUEUEU !... LE CALEMBOUR !...
LA MORT DANS L'ÂME, LECAT INTRODUIT LE GOULOT DE LA BOUTEILLE DANS LA BOUCHE DE RAYMOND JEAN BARRE QUI DEVIENT AUSSITÔT PRISONNIER DU GOULOT...
PARLE, RAYMOND JEAN BARRE, SINON TU N'FERAS PAS D'VIEUX OS !
EUEUEU !... LES PRISONNIERS DU GOULOT FONT PAS DE VIEUX OS !
12A
ALORS, OÙ EST-CE QU'ELLE EST TA RESERVE ?
BEN, BEN... HIC ! ELLE EST DANS MA MALLE !
EUEUEU !... ELLE EST DANS LA MALLE À BARRE !
AH ! DANS TA MALLE ? MAIS OÙ EST TA CLEF, BARRE ?
ELLE EST... HIC... DANS LA BOUCHE À LECAT !...
OUAH !
EUEUEU ! LECAS SUCE CLEF !
12B

ALORS, AVEC LA CLEF QUE LECAT LUI A FOURNIE, MARCHAIS DEUX DENTS OUVRE LA MALLE À BARRE... MAIS, SOUDAIN...
MAIS, QU'EST-CE QUE C'EST QUE CE BRUIT, SEGUILIGUILI ?
AH, AH, AH ! ARRÊTE, TU M'CHATOUILLES ! ARRÊTE, AH AH AH, AH...OH !
EUEUEUEU... C'EST VOTRE EUEU... PETITE AMIE SHEILA-LUTTE-FINALE ...EUEU !
MAIS, QU'EST-CE QU'ELLE FABRIQUE ? AVEC QUI ELLE EST LÀ DEDANS ?
EUEUEU ! ELLE EST AVEC UN MATELOT QUI S'APPELLE GUY, CAPITAINE !
GUY COMMENT ? JE VEUX SAVOIR SON NOM !...
EUEUEUEU ! GUY RINGOT !
QUOI ?! GUY RINGOT ? SHEILA ET RINGOT...J'M'EN DOUTAIS !
13A
OH... OH... ARRÊTE, GUITOU, TU M'CHATOUILLES ! NON, PAS LÀ !... OUH, OUH ! OH !
ÇA ALORS ! SHEILA ET RINGOT JUSTE SOUS MON NEZ... J'VAIS ENFONCER LA PORTE !
PATAM PATAM
RAF
ATTENDEZ, ATTENDEZ, JE VAIS, À MON TOUR, ES-SAYER D'ENFONCER LA PORTE !... JE PRENDS MON ÉLAN !
SPONG
SPOING
AAAIAIAIAIAIAIAIAIAIAIAIAIA
13B

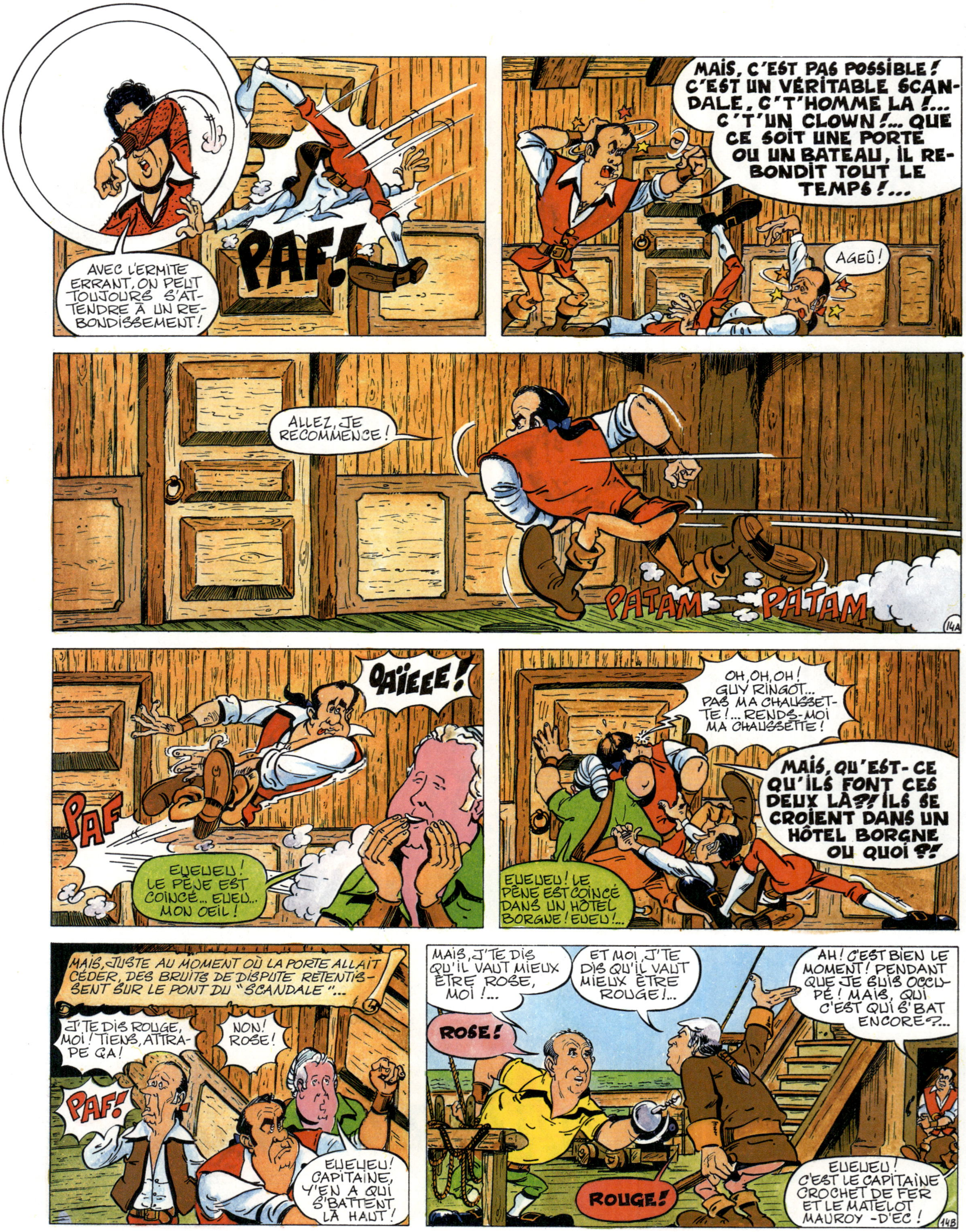
AVEC L'ERMITE ERRANT, ON PEUT TOUJOURS S'ATTENDRE À UN REBONDISSEMENT !
PAF !
MAIS, C'EST PAS POSSIBLE ! C'EST UN VÉRITABLE SCANDALE, C'T'HOMME LA !... C'T'UN CLOWN !... QUE CE SOIT UNE PORTE OU UN BATEAU, IL REBONDIT TOUT LE TEMPS !...
AGEÛ !
ALLEZ, JE RECOMMENCE !
PATAM PATAM
14A
OAÏEEE !
PAF
EUEUEU ! LE PÊNE EST COINCÉ... EUEU... MON OEIL !
OH, OH, OH ! GUY RINGOT... PAS MA CHAUSSETTE !... RENDS-MOI MA CHAUSSETTE !
MAIS, QU'EST-CE QU'ILS FONT CES DEUX LÀ ?! ILS SE CROIENT DANS UN HÔTEL BORGNE OU QUOI ?!
EUEUEU ! LE PÊNE EST COINCÉ DANS UN HÔTEL BORGNE ! EUEU !...
MAIS, JUSTE AU MOMENT OÙ LA PORTE ALLAIT CÉDER, DES BRUITS DE DISPUTE RETENTISSENT SUR LE PONT DU "SCANDALE"...
J'TE DIS ROUGE, MOI ! TIENS, ATTRAPE ÇA !
NON ! ROSE !
PAF !
EUEUEU ! CAPITAINE, Y'EN A QUI S'BATTENT LÀ HAUT !
MAIS, J'TE DIS QU'IL VAUT MIEUX ÊTRE ROSE, MOI !...
ET MOI, J'TE DIS QU'IL VAUT MIEUX ÊTRE ROUGE !...
AH ! C'EST BIEN LE MOMENT ! PENDANT QUE JE SUIS OCCUPÉ ! MAIS, QUI C'EST QUI S'BAT ENCORE ?...
ROSE !
ROUGE !
EUEUEU ! C'EST LE CAPITAINE CROCHET DE FER ET LE MATELOT MAUROY-D'EC !
14B

EN EFFET, SUR LE PONT, L'HEURE DES COUPS APPROCHAIT, TOUT CELA POUR UNE QUESTION DE COULEURS!
MAIS, QU'EST-CE QUE C'EST QUE CETTE PAGAILLE? C'EST PAS FINI? QUE SE PASSE-T'IL, ICI?
EH BIEN, C'EST CROCHET DE FER QUI PRÉTEND QU'IL VAUT MIEUX ÊTRE ROSE ET LE MATELOT MAUROY D'EC QUI PRÉTEND QU'IL VAUT MIEUX ÊTRE ROUGE!...
EUEUEU! JE SAIS, MOI, CAPITAINE!
QUOI, QUOI? QU'EST-CE QUE TU SAIS?
EUEUEU! IL VAUT MIEUX ÊTRE ROUGE ET DE LILLE QUE ROSE ET DE PROVENCE EUEU!...
MAIS, À CET INSTANT PRÉCIS, L'ATTENTION DE MARCHAIS DEUX DENTS EST ATTIRÉE PAR DES GÉMISSEMENTS PROVENANT D'UN CAILLEBOTIS...
OH, OH! GUITOU! RENDS-MOI MA CHAUSSETTE TOUT DE SUITE!
BON SANG! J'ALLAIS LES OUBLIER, CES DEUX-LÀ!... AH, ILS NE PERDENT RIEN POUR ATTENDRE!
ILS VONT VOIR CE QU'ILS VONT VOIR!
PATAMBAM
PAF
OUILLE
OH, OH! JE CROIS QU'ON A FRAPPÉ!
Y'A INTÉRÊT QU'ON A FRAPPÉ! ALLEZ, J'PRENDS MON ÉLAN ET J'VAIS FAIRE SAUTER CETTE PORTE!

MAIS, À CE MOMENT PRECIS, SHEILA LUTTE-FINALE OUVRE LA PORTE, ET MARCHAIS-DEUX-DENTS, EMPORTÉ PAR SON ÉLAN TRAVERSE LA CABINE, POUR FINIR SA COURSE À TRAVERS LA FENÊTRE !...
DING
INZING
AAAAAAAAAAH
PLOUF
AU SECOURS, SEGUILIGUILI ! ENVOIE-MOI L'ÉCHELLE À L'EAU !
ENVOYER SHEILA À L'EAU ? D'ACCORD, CAPITAINE !
ET, SEGUILIGUILI QUI N'A RIEN COMPRIS, S'EMPARE DE SHEILA ET LA JETTE PAR-DESSUS BORD...
MAIS NON, IMBÉCILE ! JE N'T'AI PAS DIS "ENVOIE-MOI SHEILA À L'EAU !!!"
EUEUEU ! PARDON, CAPITAINE !
PLOUF !
GLOU
GLOU
BON ! ÇA FAIT RIEN ! ENVOIE-MOI LE CROCHET DE FER QUI EST AU BOUT DU FILIN LÀ-BAS !...
?
LE CAPITAINE CROCHET DE FER ? AH, TIENS, LE VOILA ! ALLEZ, HOP !

PENDANT CE TEMPS!
OH, MAIS, C'EST ÉPOUVANTABLE! ILS VONT TOUS SE NOYER! IL FAUT QUE JE FASSE QUELQUE CHOSE IMMÉDIATEMENT POUR LES SAUVER!
AAAIAIAIAIAIA
SPOING
PLOUF
MAIS, C'EST PAS POSSIBLE C'T'ERMITE ERRANT!... C'EST UNE MANIE CHEZ LUI!
JE SUIS DÉSOLÉ... GLOU... QUAND IL... GLOU... MAIS DE SE MOUILLER... GLOU... S'AGIT... GLOU... JE SUIS TOUJOURS LÀ... GLOU... GLOU!...
17A
SEGUILIGUILI, ENVOIE-MOI LE CANOE!
ENVOYER LECAT? BON, BON! MAIS JE NE SAVAIS PAS QU'IL SE PRÉNOMMAIT NOÉ!
TCHACK!
PLOUF
AU SECOURS AU SECOURS, JE NE SAIS PAS NAGER!
IL SAIT PAS NAGER! EUEUEU! LECAT SE NOIT, EUEUEU!
ESPÈCE D'ANDOUILLE! ARRÊTE DE RIGOLER! ENVOIE-MOI TOUT CE QUI FLOTTE À BORD!
COMPLÈTEMENT AFFOLÉ, SEGUILIGUILI SE MET À EXPÉDIER TOUT LE MONDE PAR-DESSUS BORD: ... SURCOUF DE MURVILLE...
PLOUF
... MAUROY-D'EC...
PLOUF
... GUY RINGOT
PLOUF
17B

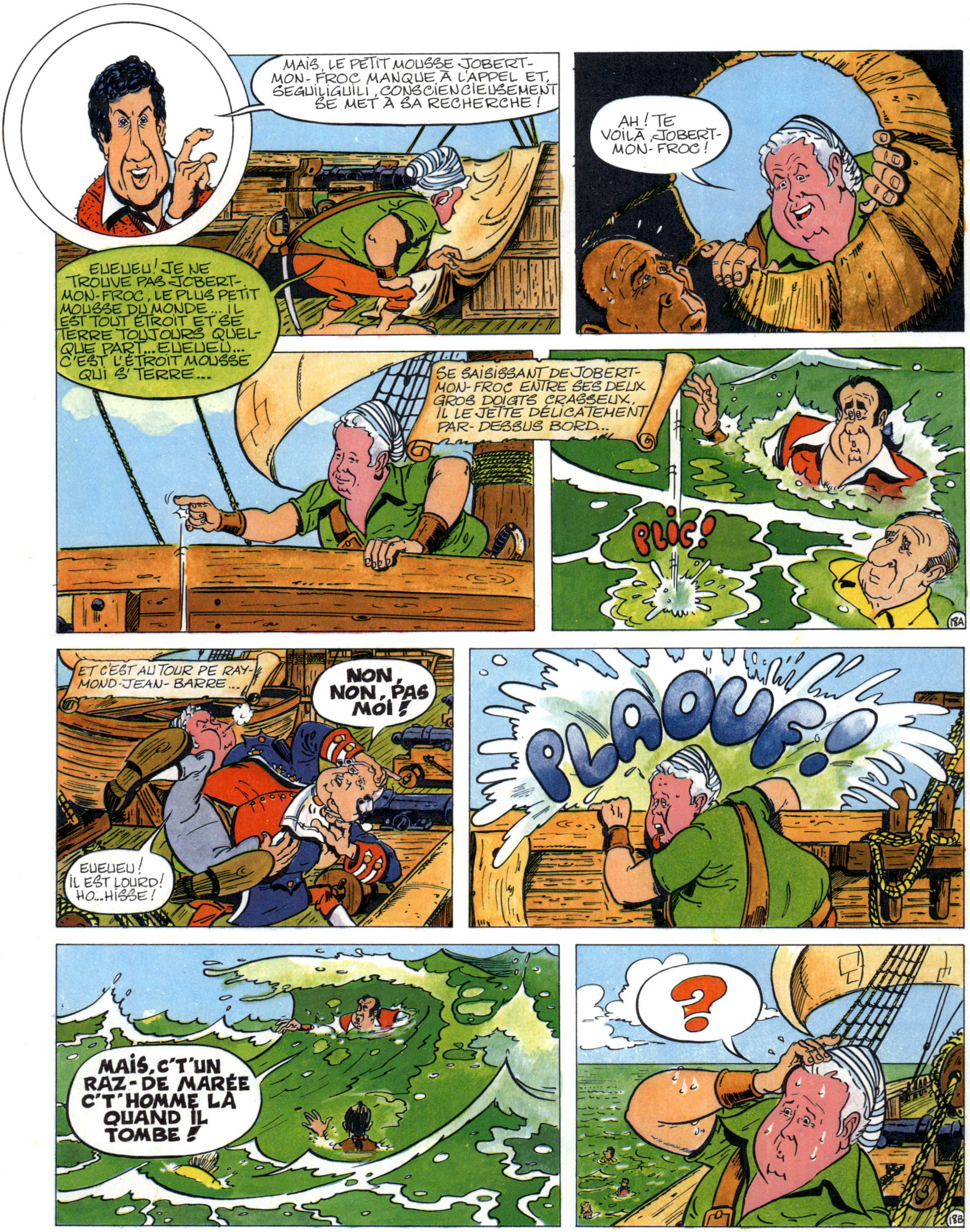
MAIS, LE PETIT MOUSSE JOBERT-MON-FROC MANQUE À L'APPEL ET, SEGUILIGUILI, CONSCIENCIEUSEMENT SE MET À SA RECHERCHE !
EUEUEU ! JE NE TROUVE PAS JOBERT-MON-FROC, LE PLUS PETIT MOUSSE DU MONDE... IL EST TOUT ÉTROIT ET SE TERRE TOUJOURS QUELQUE PART... EUEUEU... C'EST L'ÉTROIT MOUSSE QUI S'TERRE...
AH ! TE VOILÀ, JOBERT-MON-FROC !
SE SAISISSANT DE JOBERT-MON-FROC ENTRE SES DEUX GROS DOIGTS CRASSEUX, IL LE JETTE DÉLICATEMENT PAR-DESSUS BORD...
PLIC !
18A
ET C'EST AU TOUR DE RAYMOND-JEAN-BARRE...
NON, NON, PAS MOI !
EUEUEU ! IL EST LOURD ! HO... HISSE !
PLAOUF !
MAIS, C'T'UN RAZ-DE MARÉE C'T'HOMME LÀ QUAND IL TOMBE !
?
18B

ET, BIENTÔT, SEGUILI-GUILI, SE RETROUVE SEUL À BORD DU "SCANDALE"
EUEUEU... CAPITAINE MARCHAIS-DEUX-DENTS, QUE DOIS-JE FAIRE?
AH! C'EST MALIN! ESPÈCE D'ANDOUILLE, PANIQUE PAS COMME ÇA, PRENDS TES RESPONSABILITÉS... JETTE-TOI À L'EAU!!!
BON, BON! TOUT DE SUITE, CAPITAINE!
PLOUF!
AH! MAIS QU'EST-CE QUI M'A COLLÉ UNE BANDE D'ABRUTIS PAREILS?! AH! ON A L'AIR MALINS MAINTENANT?
EUH, CAPITAINE, J'AI PEUR DES PIRANHAS!
REGARDE PLUTOT CE QUI ARRIVE! C'EST BIEN PIRE QUE LES PIRANHAS... C'EST LE "PIRE-NANA"!!!
À CE MOMENT, EN EFFET, APPARAIT À L'HORIZON, LE NAVIRE DE LA TERRIBLE SIMONE-VEILLE-AUGRAIN, LA SEULE FEMME CORSAIRE DU MONDE. AVEC SON ÉQUIPAGE ENTIÈREMENT FÉMININ, ELLE RÉPAND LA TERREUR SUR TOUTES LES MERS DU GLOBE...
EUH... EUH... GLA... GLA...
MAIS, POURQUOI TU TREM...BLES?... N'AIE...PA...PAPA PEUR, SEGUILIGUILI!
MAIS, ENFIN, QUI EST CETTE TERRIBLE SIMONE VEILLE-AUGRAIN? QU'EST-CE QU'ELLE A DE REDOUTABLE?
C'EST UNE SPÉCIALISTE DES COUPS FUMANTS... ELLE ARRIVE À L'IMPROVISTE SANS CRIER GARE...
EUEUEU... JE DIRAIS MÊME MIEUX: "CENDRIER BARRE"! EUEUEU...
ET APRÈS, CAPITAINE MARCHAIS-DEUX-DENTS, QU'EST-CE QU'ELLE FAIT, APRÈS?
ELLE INFLIGE DES TORTURES TERRIBLES À TOUS SES PRISONNIERS, PAR EXEMPLE, ELLE LES EMPÊCHE DE BOIRE DU RHUM! C'EST UN VÉRITABLE SCANDALE!
19A
19B

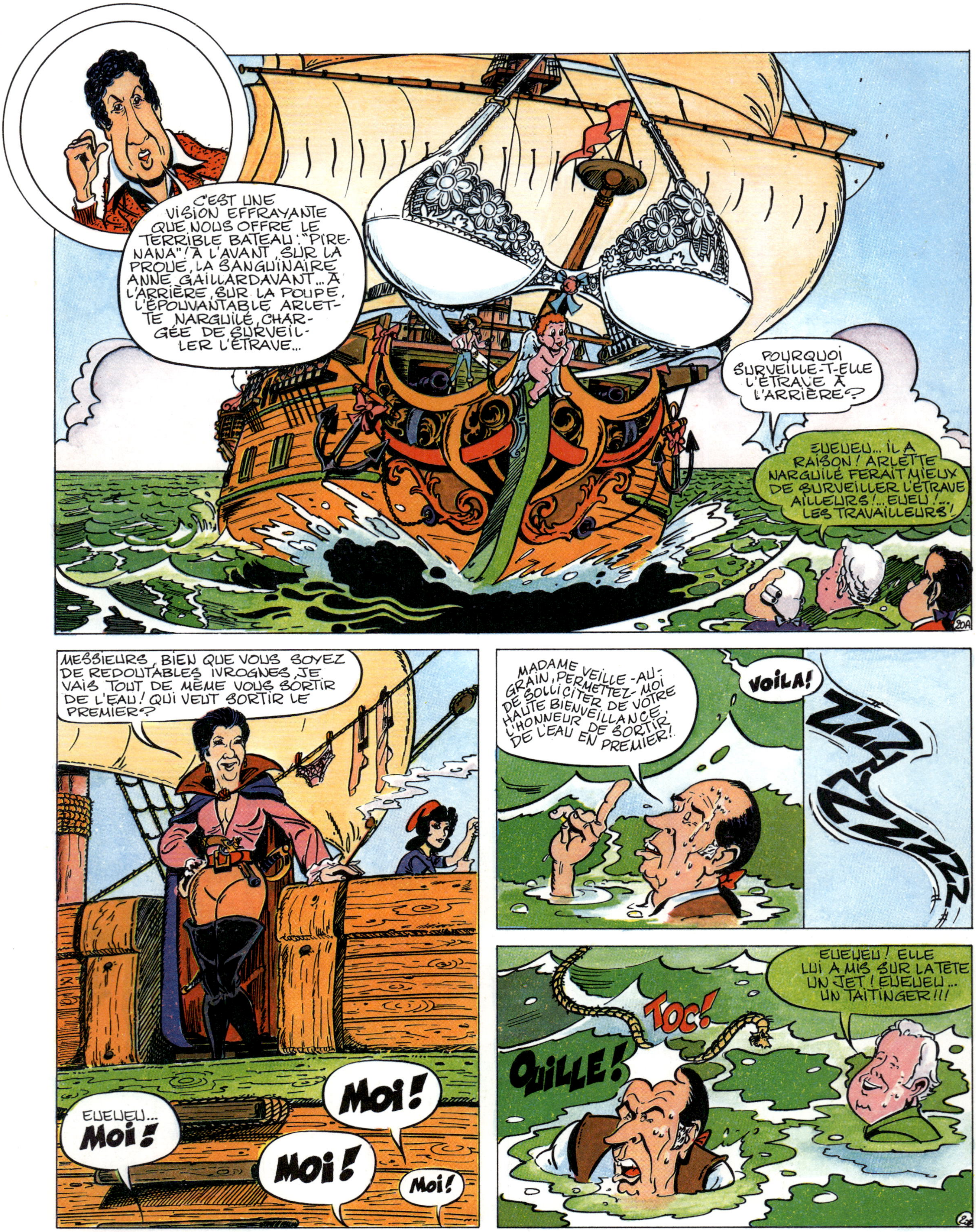
C'EST UNE VISION EFFRAYANTE QUE NOUS OFFRE LE TERRIBLE BATEAU "PIRE-NANA" ! À L'AVANT, SUR LA PROUE, LA SANGUINAIRE ANNE GAILLARDAVANT... À L'ARRIÈRE, SUR LA POUPE, L'ÉPOUVANTABLE ARLETTE NARGUILÉ, CHARGÉE DE SURVEILLER L'ÉTRAVE...
POURQUOI SURVEILLE-T-ELLE L'ÉTRAVE À L'ARRIÈRE ?
EUEUEU... IL A RAISON ! ARLETTE NARGUILÉ FERAIT MIEUX DE SURVEILLER L'ÉTRAVE AILLEURS !... EUEU !... LES TRAVAILLEURS !
MESSIEURS, BIEN QUE VOUS SOYEZ DE REDOUTABLES IVROGNES, JE VAIS TOUT DE MÊME VOUS SORTIR DE L'EAU ! QUI VEUT SORTIR LE PREMIER ?
EUEUEU... MOI !
MOI !
MOI !
MOI !
MADAME VEILLE-AU-GRAIN, PERMETTEZ-MOI DE SOLLICITER DE VOTRE HAUTE BIENVEILLANCE L'HONNEUR DE SORTIR DE L'EAU EN PREMIER !
VOILA !
ZZZZZZZZ
TOC !
OUILLE !
EUEUEU ! ELLE LUI A MIS SUR LA TÊTE UN JET ! EUEUEU... UN TAITINGER !!!

MAIS, L'ERMITE ERRANT TIENT VRAIMENT À REMONTER LE PREMIER!
NON, NON! JE VOUS EN PRIE, LAISSEZ-MOI FAIRE TOUT SEUL... JE PRENDS MON ÉLAN!
AAAIAIAIAIAIAIA
SPLING
PLOUF
AH! AU LIEU DE VOUS OCCUPER DE CE CLOWN, VOUS FERIEZ MIEUX DE M'ENVOYER UNE CHAINE... ON VA MONTER À DEUX D'UN COUP, ET J'PRENDS SHEILA-LUTTE-FINALE DANS MES BRAS!
MAIS, COMMENT ALLEZ-VOUS FAIRE POUR TENIR LA CHAINE?
EH BIEN, J'LA PRENDS ENTRE LES DENTS, COMME CHA!
21A
VOUS VOILÀ ARRIVÉ, CAPITAINE MARCHAIS-DEUX-DENTS! QU'EST-CE QU'ON DIT?
MERCIIIII
PLOUF
21B

BREF, NOS ZÉROS ARRIVENT QUAND MÊME À SE HISSER À BORD DU "PIRE-NANA !"
OH ! MAIS QUI SONT CES HUIT JEUNES FEMMES ARMÉES JUSQU'AUX DENTS ET QUI NOUS REGARDENT MÉCHAMMENT, LE LONG DE LA COQUE !
CE SONT DES MATELOTES D'ANGUILLE ! ANGUILLE, C'EST UNE PETITE VILLE PRÈS DU CAIRE !
CE SONT DES CAIROTTES, ALORS?
OUAIS ! ET ON A DU POT, PARCE QUE D'HABITUDE, ELLES SONT NEUF À LA COQUE, ALORS QU'AUJOURD'HUI, LES CAIROTTES SONT QU'HUIT !
EUEUEU ! LES CAIROTTES SONT CUITES !
ET LA DAME TOUT EN HAUT DU MAT QUI JOUE AVEC SES VÊTEMENTS?
AH, BEN LÀ, C'EST FRANÇOISE GIROUETTE. ELLE RETOURNE SA VESTE EN FONCTION DU VENT !!!
22A
SOUDAIN, SIX MATELOTES SE PRÉCIPITENT SUR LE MALHEUREUX RAYMOND JEAN-BARRE...
OH ! ARRÊTEZ, VOUS ME FAITES MAL ! MAIS, ELLES SONT BRUTALES !
T'AS RAISON ! CE SONT SIX CUBAINES ET DE VRAIES GARCES !
EUEUEU ! J'PEUX LE DIRE? CE SONT LES SIX GARCES DE LA HAVANE !
MESSIEURS, VOUS ÊTES MES PRISONNIERS ! À PARTIR DE MAINTENANT, PLUS QUESTION DE BOIRE UNE SEULE GOUTTE DE RHUM !
OH NON, PAS ÇA ! C'EST TROP DUR !
SILENCE ! ET SI VOUS ÊTES SAGES, VOUS AUREZ DROIT AU REPOS, DIMANCHE !
AH ! C'EST UN SCANDALE !! C'EST INHUMAIN !!!
EUEUEU ! NON, NON ! CAPITAINE ! C'EST PAS INHUMAIN SI ELLE MONTRE UN PEU D'HUMANITÉ DIMANCHE !!!
SILENCE ! QUI A DU RHUM SUR LUI ?
MOI ! MADAME SIMONE-VEILLE-AU GRAIN !!! TENEZ, JE VOUS DONNE MON FLACON !
22B

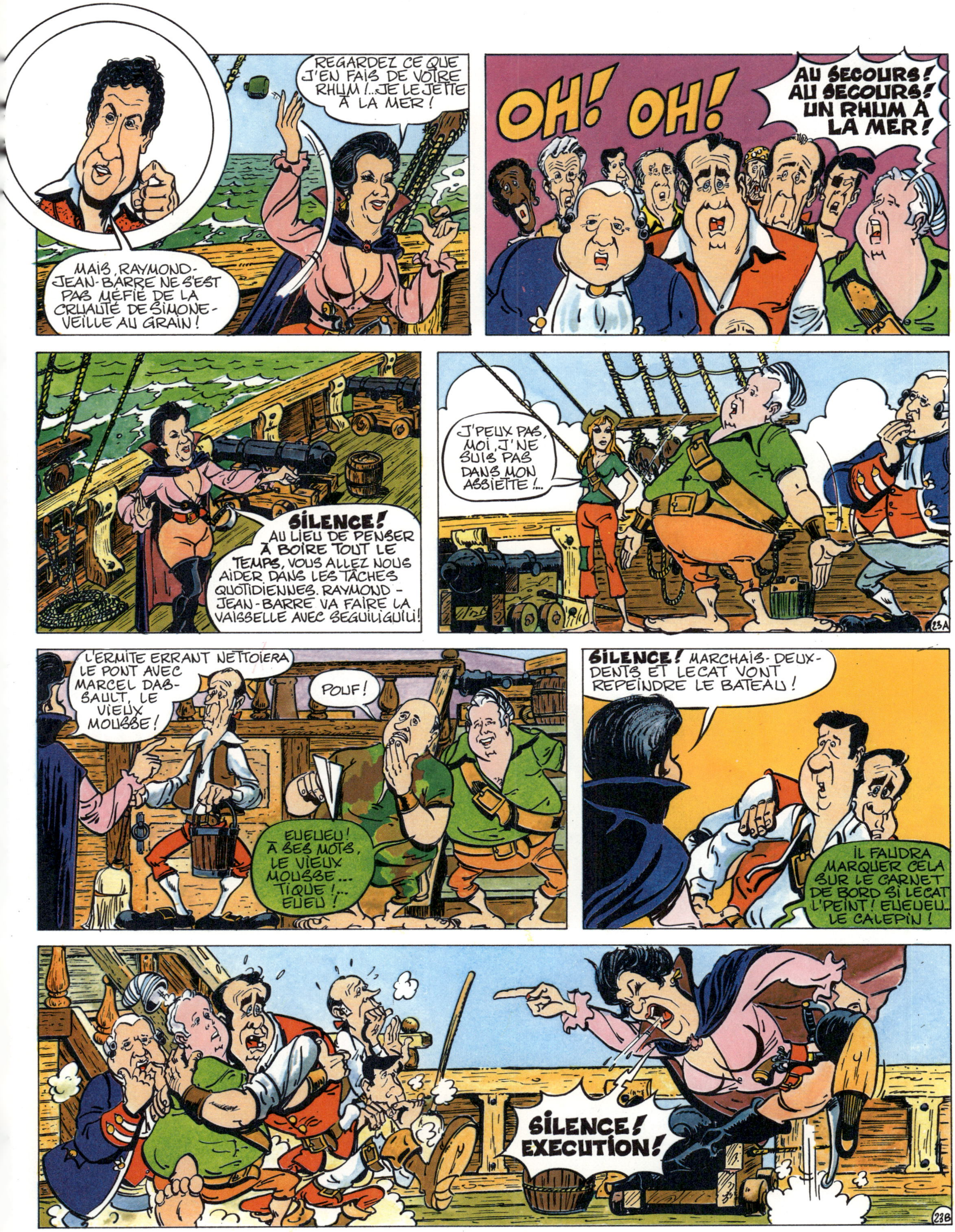

REGARDEZ CE QUE J'EN FAIS DE VOTRE RHUM !.. JE LE JETTE À LA MER !
MAIS, RAYMOND-JEAN-BARRE NE S'EST PAS MÉFIÉ DE LA CRUAUTÉ DE SIMONE-VEILLE AU GRAIN !
OH! OH!
AU SECOURS! AU SECOURS! UN RHUM À LA MER!
SILENCE! AU LIEU DE PENSER À BOIRE TOUT LE TEMPS, VOUS ALLEZ NOUS AIDER DANS LES TÂCHES QUOTIDIENNES. RAYMOND-JEAN-BARRE VA FAIRE LA VAISSELLE AVEC SEGUILIGUILI!
J'PEUX PAS, MOI, J'NE SUIS PAS DANS MON ASSIETTE !...
23A
L'ERMITE ERRANT NETTOIERA LE PONT AVEC MARCEL DASSAULT, LE VIEUX MOUSSE !
POUF !
EUEUEU ! À SES MOTS, LE VIEUX MOUSSE... TIQUE !... EUEU !
SILENCE! MARCHAIS-DEUX-DENTS ET LECAT VONT REPEINDRE LE BATEAU !
IL FAUDRA MARQUER CELA SUR LE CARNET DE BORD SI LECAT L'PEINT! EUEUEU... LE CALEPIN !
SILENCE! EXECUTION!
23B

TOUS NOS ZÉROS SE RENDENT SUR LES LIEUX DE LEURS CORVÉES EN MAUGRÉANT. DANS LA CUISINE, RAYMOND JEAN-BARRE ASTIQUE LA VAISSELLE !
ET VLAN ! PASSE-MOI L'ASSIETTE !
REGARDE, RAYMOND-JEAN-BARRE, J'AI TROUVÉ UNE BOUTEILLE DE RHUM !!!
OH ! MERCI BEAUCOUP ! C'EST TRÈS GENTIL ! À LA TIENNE, SÉGUILIGUILI !
GLOU GLOU
MAIS, C'EST DÉGOÛTANT ! POUAH ! QU'EST-CE QUE C'EST ?
EUEUEU ! C'EST DE L'EAU DE JAVEL ! C'EST DU RAYMOND-JEAN-BARRE JAVEL ! EUEU... BARJAVEL !
24A
AAAIAIAIAIAIAIAIAIAIAIAIAI
DZING !
OH ! MAIS, QU'EST-CE QUI SE PASSE ?
L'ERMITE ERRANT VIENT DE TOMBER DANS LA VAISSELLE ! IL MET TOUJOURS LES PIEDS DANS LE PLAT !... EUEU... IL A DU BOL ! EUEU !
AH OUI ! C'EST MALIN DE RIGOLER COMME ÇA ! J'AI GLISSÉ SUR LE SAVON DU VIEUX MOUSSE DASSAULT
EUEUEU ! IL A GLISSÉ SUR LE SAVON DE MARCEL !
MON SAVON ! RENDS-MOI MON SAVON !
ARRÊTE TON CHAR DASSAULT !
BOF ! REGARDEZ-LE, IL N'EST QU'À MOITIÉ EN COLÈRE !
EUEUEU ! OUI ! IL EST MI-RAGE, MI-DÉSESPOIR ! EUEU !!!
24B

PENDANT CE TEMPS, SUR LE PONT, MARCHAIS-DEUX-DENTS FAIT LA MAUVAISE TÊTE ET REFUSE DE PEINDRE LA COQUE DU BATEAU !!!
J'PEUX PAS, D'ABORD ! Y'A PAS D'PEINTURE !
TIENS, VOILÀ UNE BOUTEILLE DE ROUGE ! T'AS QU'À REPEINDRE LA COQUE AU VIN !
PAS DU TOUT ! C'EST UNE CONTRE VÉRITÉ ET J'ME PERMETS D'INTERVENIR AU NOM DE TOUS MES CAMARADES, LES ZÉROS DE LA ROUTE DU RHUM ! ON EN A MARRE DES CORVÉES ET SI VOUS, L'AUTEUR, VOUS N'CHANGEZ PAS D'SCENARIO, MES CAMARADES ET MOI-MÊME ENTAMERONS IMMÉDIATEMENT UNE GRÈVE GÉNÉRALE SUR LE TAS !!!
EUEUEU ! JE DIRAIS MÊME MIEUX UNE GRÈVE SUR LE TAS !...
BREF ! A BORD, TOUT EST CALME !
25A
FAUDRAIT AU MOINS OBTENIR DANS LE SCÉNARIO QUE SIMONE-VEILLE-AU-GRAIN NOUS REDONNE DU RHUM !
ET OUI ! ET POUR MOI, EST-CE QUE VOUS CROYEZ QUE C'EST DRÔLE ? CHAQUE FOIS QUE JE ME SAISIS D'UN CORDAGE, JE REBONDIS ! TENEZ, REGARDEZ, JE PRENDS MON ÉLAN !...
AAAÏAIAIAÏAIAIA
SPOING
PAF
J'AI L'AIR COMPLÈTEMENT RIDICULE !
EUEUEU ! ET MOI VOUS ME FAITES DIRE TOUT LE TEMPS EUEU ! J'AI L'AIR D'UNE HOMMELETTE DANS VOTRE TRUC ! ET ENCORE VOUS POURRIEZ ME FAIRE HOMMELETTE SANS CASER LES EUEU !
25B

MAIS ENFIN, MESSIEURS, EXCUSEZ-MOI, C'EST LA PREMIÈRE FOIS DANS UN SCENARIO...
COLLARO AU POTEAU !
JE N'VOUS AI PAS INTERROMPU ! LAISSEZ-MOI TERMINER, COLLARO !
NOUS SOMMES OBLIGÉS D'INTERROMPRE CE SCÉNARIO EN RAISON D'UNE GRÈVE SURPRISE DES ZÉROS !!!...
RHUM
PARDON, PARDON ! NOUS SOMMES PRÊTS TOUT DE MÊME À OUVRIR DES NÉGOCIATIONS. FAUT PAS QU'ON METTE ENCORE UNE FOIS L'INTERRUPTION DU SCÉNARIO SUR L'DOS DES TRAVAILLEURS !
26A
BON ! ATTENDEZ, MESSIEURS, REPRENONS NOTRE SANG-FROID ! VOUS, LES ZÉROS, QUELLES SONT VOS EXIGENCES ?
EH BIEN, NOUS EXIGEONS QUE SIMONE-VEILLE-AU-GRAIN NOUS SERVE DU RHUM. C'EST TOUT !...
OUI ! ET QU'ELLE NOUS DONNE UNE CHALOUPE POUR QU'ON S'ÉVADE DE CE BATEAU DE MALHEUR !
ET QU'ON N'REVOIE PLUS TOUTES CES CHIPIES !
MESSIEURS, SI VOS EXIGENCES SONT SATISFAITES, VOUS ÊTES D'ACCORD POUR REPRENDRE ?
OUAiiiS !
OUAiiS
26B

NOUS RETROUVONS NOS ZÉROS SUR LE PONT DU "PIRE-NANA" OÙ SIMONE-VEILLE-AU-GRAIN LES ABREUVE GÉNÉREUSEMENT DE RHUM !
HI HI HI ! JE LES AI BIEN EUS !
EH, EH ! À LA TIENNE, L'ERMITE ERRANT !
JE BOIRAIS BIEN UN PETIT COUP, AUSSI ! EUEUEU, ELLE NOUS ABREUVE ! C'EST SIMONE D'ABREUVOIR, EUEU !
MOI AUSSI, MOI AUSSI ! UN P'TIT VERRE POUR MOI AUSSI !
ET BIENTÔT, ILS SONT TOUS À BORD D'UNE CHALOUPE, ABONDAMMENT REMPLIE DE BOUTEILLES DE RHUM !
AH, BEN, C'EST PAS TROP TÔT, ON EST LIBRES !
27A
EUEUEU ! C'EST MARRANT DE VOIR LECAT LIBRE... EUEU !
LECAT LIBRE, C'EST UN DRÔLE DE PISTOLET !
PISTOLET ? EUEUEU ! VOIR LECAT LIBRE QUAND BARRE Y EST... EUEU, BARILLET !
MESSIEURS, JE VOUS DEMANDE QUI VA RAMER ?!
EH BIEN, IL ME PARRAIT NORMAL QUE LECAT RAME BARRE !
EUEUEU ! LE CARAMBAR !
EINE MINUT...
EUEUEU ! QUI C'EST CUILÀ ?!
C'EST UN MOUSSE ALLEMAND QUI S'APPELLE HELMUT SCHMIT ! JE L'AI ENGAGÉ... IL ME SERT, SCHMIT !
EUEUEU ! IL MESSERSCHMITT !
BON, ALORS, QU'EST-CE QUE TU VEUX, HELMUT ?
27B

N'EST-CE PAS SEGUILIGUILI QUI M'A OFFERT CE CIGARE?
JE VOUDRAIS SAVOIR POURQUOI IL EST NORMAL QUE LECAT PRENNE LA RAME !
EUEUEU! PARCE QU'IL FAUT QUE LECAT RAME, HELMUT !...EUEU...LE CARAMEL MOU !
QU'EST-CE QU'ON EST BIEN DANS CETTE CHALOUPE !
EUEUEU! C'EST PAS UNE CHALOUPE, C'EST PLUS GROS! C'EST UN CHALUT! EUEUEU, NOUS SOMMES L'ARMÉE DU CHALUT!
ASSEZ, SEGUILI-GUILI !...
28A
ALORS QUE LE CIEL S'ASSOMBRIT, NOS ZÉROS POURSUIVENT JOYEUSEMENT LEUR ROUTE DU RHUM... HIC !
28B

MAIS, TOUT À COUP, LE VENT SE LÈVE. LE TERRIBLE SIMOUN DE MER VEILLE À L'HORIZON !...
EUEUEU ! LE SIMOUN VEILLE ... EUEUEU !
MAIS, DIS DONC, L'ERMITE ERRANT, AU LIEU DE RESTER LÀ À NE RIEN FAIRE, VIENS DONC TENIR L'GOUVERNAIL !
OH, OH, OHLALA ! J'AI LE MAL DE MER, ON DÉRIVE, HIC !
AH JE M'EXCUSE, JE NE PEUX PAS PASSER, LE MATELOT ANDRÉ BORD EST COUCHÉ EN TRAVERS DU CHALUT !
EH BEN, T'AS QU'À PASSER PAR D'SSUS ANDRÉ BORD !
D'ACCORD, D'ACCORD, JE PRENDS MON ÉLAN !...
NON ! PAS ÇAAAA !
SPOING
PLOUF
ET VOILÀ !
EUEUEU ! C'EST VRAIMENT CE QU'ON APPELLE PASSER PAR-DESSUS BORD !
AU SECOURS ! SORTEZ-MOI DE LÀ, VITE !...
ARRÊTE DE T'LAMENTER, L'ERMITE ERRANT !
EUEUEU ! L'ERMITE ERRANT SE LAMENTE À L'EAU, EUEUEU !...
EH BIEN, Y'A QU'À ENVOYER LECAT LE REPÊCHER !
C'T'IMPOSSIBLE ! IL EST SAOUL COMME UNE BOURRIQUE !
EUEUEU ! C'EST CURIEUX DE VOIR LECAT SAOULÉ ! EUEUEU ! LE CASSOULET !

MAIS, N'ÉCOUTANT QUE SON COURAGE, C'EST LE PETIT MOUSSE JOBERT QUI SE JETTE DANS LE BAIN !...
PLIC !
EUEUEU ! C'EST UN BAIN DE MOUSSE ! EUEUEU !
TAIS-TOI, SEGUILI-GUILI !
PLIC
PLIC
HO HISSE ! HO HISSE !
TERRE TERRE TERRE ! ATCHI ! ATCHI ! ATCHI !...
PLAOUF
EUEUEU ! NE CRIE PAS TERRE, MINUS ! LAIS-SE FAIRE LE MATELOT DE QUERSOSON, C'EST LUI QUI CRIE TERRE ! EUEUEU... QUI KRITÈRE !
30A
MAIS, QU'EST-CE QUI LUI PREND À CUILA ? ÇA VA PAS, NON ?!
IL FAIT ÇA CHAQUE FOIS QU'UN VOYAGE EST FINI !
ET POUR-QUOI, SEGUI-LIGUILI ?
EUEUEU !... PARCE QUE QUAND LECAT PRIE, C'EST FINI ! EUEUEU !
?
C'EST FINI, SEGUILIGUILI ?!
CAPRI, C'EST FINI !...
30B

LE MATELOT LECAT, RECUEILLI, RÉCITE LA PREMIÈRE STROPHE DE SA PRIÈRE !
MERCI, MON DIEU DE NOUS AVOIR MENÉS À TERRE... MERCI DE NOUS AVOIR MENÉS SUR LES MERS !...
ÇA SUFFIT ! ARRÊTE, LECAT, TA STROPHE !
OH ! ON VA ABORDER, LAISSEZ LECAT BARRER !
EUEUEU ! LE CABARET !...
MAIS, BARRER, C'EST UNE GROSSE RESPONSABILITÉ !
EUEUEU ! ÇA FAIT RIEN ! IL FAUT QUE LECAT L'ENDOSSE ! EUEU LE CALENDOS !
ET COMMENT ON VA FAIRE MAINTENANT POUR ALLER À TERRE ? Y'A MÊME PAS D'PASSERELLE !
EH BIEN, JE CONNAIS UN MOYEN TRÈS SIMPLE. REGARDEZ !... JE PRENDS MON ÉLAN...
A...IAIAIAIAIAIAIA
SPOINTCH !
OOOOHH !
AH ! BEN ÇA ALORS, IL Y EST ARRIVÉ POUR UNE FOIS !
31A
MAIS, C'EST EXTRÊMEMENT SIMPLE ! IL SUFFIT DE NE PAS SE PANIQUER ET D'AVOIR UN PEU D'ENTRAINEMENT, C'EST TOUT !
OUAIS ! MAIS C'EST PAS MALIN ! T'AS OUBLIÉ D'AMENER LE CORDAGE POUR AMARRER LE BATEAU !
Les 3 Marrants
CE N'EST PAS GRAVE, JE RETOURNE LE CHERCHER JE PRENDS MON ÉLAN !...
AAA... IAIAIAIAIE
PAF
31B

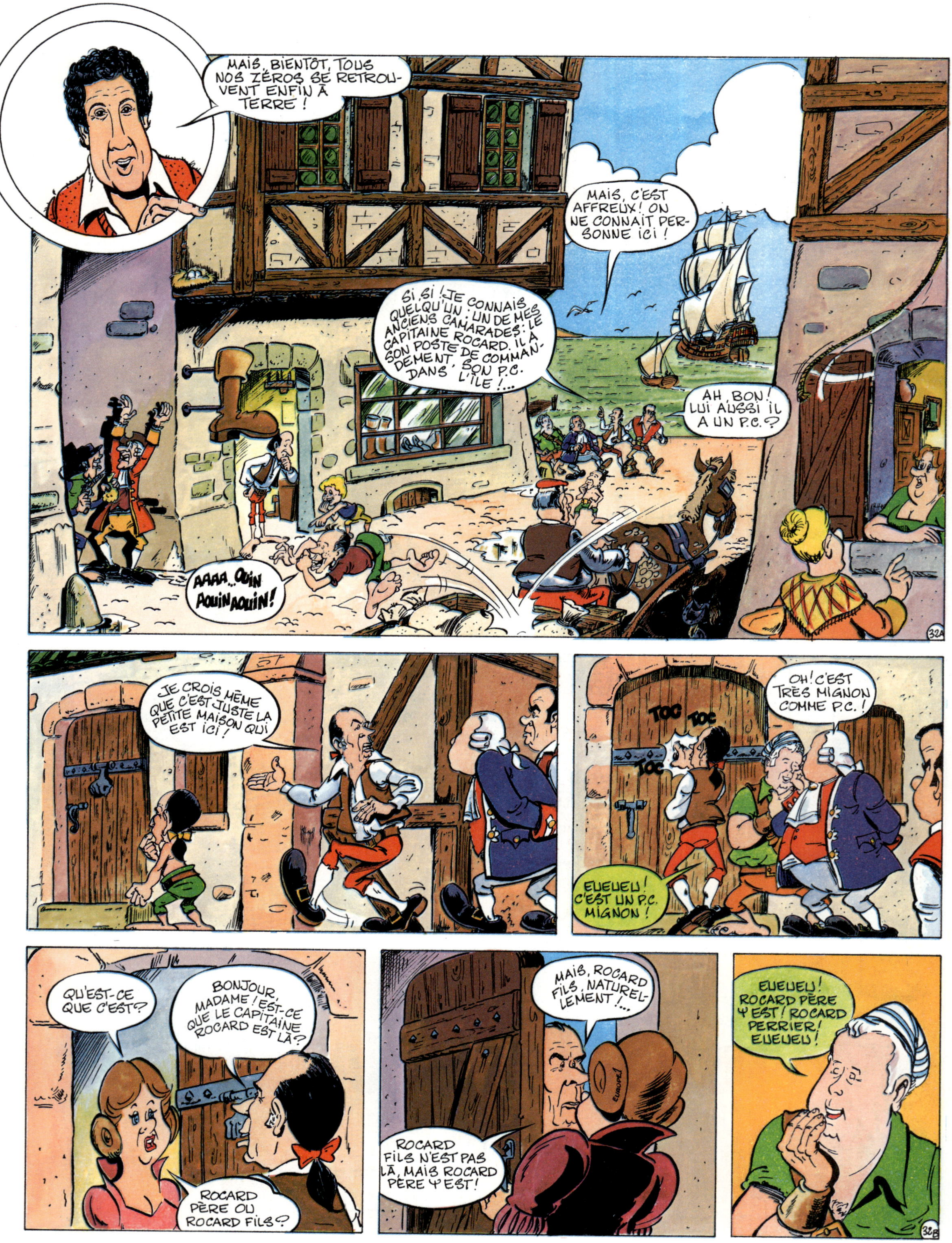
MAIS, BIENTÔT, TOUS NOS ZÉROS SE RETROUVENT ENFIN À TERRE !
MAIS, C'EST AFFREUX ! ON NE CONNAIT PERSONNE ICI !
SI, SI ! JE CONNAIS QUELQU'UN : UN DE MES ANCIENS CAMARADES : LE CAPITAINE ROCARD. IL A SON POSTE DE COMMANDEMENT, SON P.C. DANS L'ÎLE !...
AH, BON ! LUI AUSSI IL A UN P.C. ?
AAAA... OUIN OUINOUIN !
32A
JE CROIS MÊME QUE C'EST JUSTE LA PETITE MAISON QUI EST ICI !
TOC
TOC
TOC
OH ! C'EST TRÈS MIGNON COMME P.C. !
EUEUEU ! C'EST UN P.C. MIGNON !
QU'EST-CE QUE C'EST ?
BONJOUR, MADAME ! EST-CE QUE LE CAPITAINE ROCARD EST LÀ ?
ROCARD PÈRE OU ROCARD FILS ?
MAIS, ROCARD FILS, NATURELLEMENT !...
ROCARD FILS N'EST PAS LÀ, MAIS ROCARD PÈRE Y EST !
EUEUEU ! ROCARD PÈRE Y EST ! ROCARD PERRIER ! EUEUEU !
32B

MAIS, LE MÉCONTENTEMENT COMMENCE À GAGNER LE GROS DE LA TROUPE !...
Y'A PAS QUE MOI, LE GROS DE LA TROUPE QUI SUIS MÉCONTENT ! TOUS LES AUTRES LE SONT AUSSI !...
Y'EN A MARRE !
DU RHUM !
DU RHUM ! DES FILLES !
MES AMIS, MES AMIS, JE CONNAIS UN ENDROIT OÙ IL Y A DU RHUM !...
ET OÙ EST-CE QUE C'EST, RAYMOND JEAN BARRE ? OÙ SONT TES FILLES ET TON RHUM ?
... DANS UN HÔTEL TENU PAR UN PETIT MATELOT QUI S'APPELLE GEORGE SARRE ET IL TIENT LE SEUL HÔTEL DE L'ÎLE !!!
EUEUEU ! C'EST LE BAS SARRE DE L'HÔTEL DE L'ÎLE !
33A
LES ZÉROS ARRIVENT DEVANT L'HÔTEL DE L'ÎLE, AVEC À LEUR TÊTE LE CAPITAINE MARCHAIS DEUX DENTS...
À BOIRE, LÀ DEDANS !
ATTENDEZ, ATTENDEZ ! JE CONNAIS TRÈS BIEN LE **BARRE MAN !** C'EST UN GARÇON CHARMANT, TENEZ LE VOICI !
33B

ET COMME DANS TOUT BON HÔTEL, QUI SE RESPECTE, ILS SONT IMMÉDIATEMENT ACCEUILLIS PAR LE BARRE MAN TRÈS TRÈS POLI...
BONCHOIR BADAME, BONCHOIR BADEBOISELLE, BONCHOIR BESSIEURS! QUE PUIS-JE POUR VOTRE SERVICE?
DES FILLES DU RHUM!
BON! EH BIEN, MOI, VOUS M'SERVIREZ UN DEMI... MAIS AVANT, LECAT, ISOLE LE PETIT MOUSSE JOBERT!
MAIS, POURQUOI ISOLER LE PETIT MOUSSE JOBERT?
PARCE QUE JE BOIS TOUJOURS MES DEMIS SANS MOUSSE!
LE MATELOT LECAT S'EMPARE DU PETIT MOUSSE JOBERT ET ENTREPREND, MALGRÉ SES HURLEMENTS DE L'ISOLER DE FORCE!
NON, NON! J'VEUX PAS! J'VEUX PAS QUE LECAT M'ISOLE DE FORCE!
EUEUEU! LE CAMISOLE DE FORCE!
BON, BON! POUR LE CONSOLER, Y'A QU'À LUI ENVOYER UNE FILLE!!!
34A
TOI, LA GROSSE, COMMENT QU'TU T'APPELLES?
MOI, CHÉRI, JE M'APPELLE ZINA!!!
BON, EH BIEN, ZINA, VA FAIRE UN MASSAGE AU MOUSSE JOBERT
NOONNNNN! J'VEUX PAAAS!
EUEUEU! C'EST LE MASSAGE DE JOBERT ET ZINA! EUEU! BÉRÉZINA!
AU MÊME MOMENT, LE MATELOT ANDRÉ ROSSI, SURNOMMÉ, À CAUSE DE SON AMOUR POUR LA GNÔLE (HIC!) ROSSI GNOLE DE MES AMOURS, AMORCE UNE RETRAITE DISCRÈTE AVEC UNE SUPERBE CRÉATURE!
EUEUEU! D'UN CÔTÉ, Y'A LE MASSAGE DE JOBERT ET ZINA ET DE L'AUTRE, Y'A LA RETRAITE DE ROSSI!... EUEUEU!
34B

C'EST PAS VRAI! C'EST PAS VRAI, SEGUILIGUILI!!!
Si, Si! C'EST VRAI!
EN ENTENDANT CES PROPOS, LE MATELOT ROSSI DEVIENT TOUT ROUGE. LA DISPUTE ÉCLATE!
MAIS, ENFIN, SEGUILIGUILI, TE FÂCHE PAS COMME ÇA! ET POURQUOI QU'TU LUI TOURNE LE DOS À ROSSI?
EUEUEU! J'TOURNE LE DOS QUAND ROSSI NIE! EUEUEU!
S'IL VOUS PLAIT, CAPITAINE ROCARD, POUVEZ-VOUS ME PASSER MON VERRE DE GNÔLE? ALLEZ, ROCARD MA GNÔLE!
PENDANT CE TEMPS À UNE TABLE...
35A
PLUS TARD, DANS L'HÔTEL DE L'ÎLE, LA FÊTE BAT SON PLEIN. UN PEU ENIVRÉ, RAYMOND JEAN BARRE, POUR AMUSER LA GALERIE, TENTE DES JEUX DE MOTS D'UN GOÛT DOUTEUX.
HIC! JE VOULAIS HISSER LA VOILE ET ALORS, UN MATELOT SE PORTE VOLONTAIRE ET JE DIS: NON, PAS TOI! JE VEUX QUE LE MATELOT LE PEN HISSE! HIPS!...
OH! IL EST TOMBÉ DRÔLEMENT BAS, RAYMOND JEAN BARRE! IL BAISSE TERRIBLEMENT!
EUEUEU! CAPITAINE, POUR AMUSER LA GALERIE, BARRE BAISSE! EUEUEU!
AH! AH! ELLE EST BIEN BONNE! BON, QU'EST-CE QU'ON FAIT MAINTENANT?
EH BIEN, JE VOUS PROPOSE DE FAIRE UN PETIT POKER!
OH OUI! HIPS! C'EST UNE BONNE IDÉE, HIPS! BARRE MAN, Y A-T-IL UN TRIPOT DANS CET HÔTEL? HIPS!
EH BIEN, BADAME, BAD'BOISELLE, BONSIEUR, VOUS AVEZ LA POSSIBILITÉ DE TROUVER UN TRIPOT AU BREMIER ÉTAGE, DANS L'UNE DES CHAMBRES!
EUEUEU! C'EST UN TRIPOT D'CHAMBRE, ALORS? EUEU!
35B

TOUS, D'UN COMMUN ACCORD, SE PRÉCIPITENT DANS L'ESCALIER
BON! ALLEZ LES GARS, TOUT LE MONDE EN HAUT!
OUAISS!
ATTENDEZ, ATTENDEZ! J'APPORTE QUELQUES BOUTEILLES DE RHUM! ON RISQUE D'AVOIR SOIF!!! HIPS!
MONTONS ENSEMBLE! MAIS, CE N'EST PAS LA PEINE DE PRENDRE L'ESCALIER! REGARDEZ, JE M'ACCROCHE AU LUSTRE...
GRAAC
AAAA...IAIAIAI
PAF
OH! MAIS LE LUSTRE A CÉDÉ! ON N'Y VOIT PLUS RIEN!

IL VAUDRAIT MIEUX RÉTABLIR LES FEUX DE LA RAMPE DANS L'ESCALIER !...
OH ! HIC ! QUE VIENS-JE DE HEURTER HIC ?
PAF !
OH ! LA MIGNONE PETITE SERVEUSE ! HIC ! VIENS LÀ QUE JE TE FASSE UN PETIT BISOU !
SMACK !
MAIS, ÇA VA PAS, NON ?! VOILÀ-T'Y PAS QU'IL M'EMBRASSE, MAINTENANT ! ALLEZ, SUIVONS L'BARRE MAN !
BADAME, BAD'BOÏSELLE, BONSIEUR, VEUILLEZ BE SUIVRE DANS L'ESCALIER ! J'OUVRE LA MARCHE !
37A
ET BIENTÔT, ILS SE RETROUVENT AUTOUR DE LA TABLE DE POKER...
MAIS NON, PAS TOI ! TU ES TROP P'TIT ! VAS JOUER AU NAIN JAUNE, ALLEZ !...
BON ! MAINTENANT QU'IL EST PARTI, ÇA F'RA PLUS DE CARTES POUR TOUT LE MONDE !
EUEUEU ! OUI ! PUISQU'IL EST PARTI, Y'A QU'À PRENDRE LES CARTES DU PARTI ! EUEUEU !
37B

BADAME, BADEBOI-SELLE, BONSIEUR, PUIS-JE ME JOINDRE À VOUS ?
ET BIENTÔT, SE RETROUVENT AUTOUR DE LA TABLE, DANS UN SILENCE RELIGIEUX, RAYMOND JEAN BARRE (HIC!), SEGUILIGUILI, L'ERMITE ERRANT ET MARCHAIS-DEUX-DENTS, ALORS QUE LE MOUSSE JOBERT... BON, BREF!...
SI TU VEUX, L'BARRE MAN! ALLEZ, J'DONNE LES CARTES!
BON! À QUI D'PARLER, MAINTENANT ?
À MOI! À MOI! J'AI UNE TIERCE! BELOTE ET REBELOTE, PETIT CHELEM ET ECHEC ET MAT!!!
AH, NON, RAYMOND JEAN BARRE PAS COMME ÇA C'EST JOUE AU POKER QU'ON REGARDE, JE POSE MON AS SUR LE TIEN, JE DIS: "BATAILLE" ET DIX DE DER!
38A
MAIS, C'EST PAS VRAI! C'EST PAS UNE PARTIE D'POKER!! ALLEZ, J'REDONNE!
BON! QUI EST-CE QUI PARLE, MAINTENANT ?
BADAME, BADEBOISELLE, BONSIEUR, JE RELANCE D'UN ÉCU!
AH AH! D'ACCORD! J'POSE L'ÉCU SUR LA TABLE ET J'RIGOLE!
BADAME, BADEBOISELLE, BONSIEUR, J'AI UNE PAIRE DE DEUX!
AH!AH! ET J'RIGOLE ENCORE! J'AI UN CARRÉ D'AS! À MOI LE CAPITAL!
AH NON! JE SUIS DÉSOLÉ, PAS D'ACCORD! J'AI LA RÈGLE DANS LA POCHE, PUIS-JE VOUS LA LIRE ?
MAIS, JE VOUS EN PRIE! ALLEZ, LISEZ!
EUEUEU! À L'ELYSÉE!
38B

QUEL MATCH ! (3) LA LUTTE EST INDÉCISE !
ÉCOUTEZ ! ARTICLE 32 : "LE CARRÉ D'AS EST BATTU PAR LA PAIRE DE DEUX. CELA S'APPELLE UN SCHPOUNTZ !
AH, ÇA ! C'EST UN SCANDALE ! BON, EH BIEN, ÇA FAIT RIEN, ON CONTINUE ! FAUT QUE JE M'REFASSE !!!
OH ! BRAVO ! JOLI COUP ! ÇA S'ARROSE !
BON ! À TA SANTÉ, RAYMOND JEAN BARRE ! J'DONNE LES CARTES ET C'EST À MOI D'PARLER ! ALLEZ, J'METS TOUT CE QUI ME RESTE SUR LA TABLE !
BADAME, BADEBOISELLE, BONSIEUR, JE ME PERMETS DE SUIVRE LE COUP ! J'AI À MON TOUR UN CARRÉ D'AS !
AH ! AH ! J'RIGOLE, CAR CE COUP CI, C'EST MOI QUI L'AI, LE SCHPOUNTZ ! J'AI UNE PAIRE DE DEUX ! À MOI TOUT L'PACTOL !!!
39A
BADAME, BADEBOISELLE, BONSIEUR, PUIS-JE VOUS LIRE LA RÈGLE ?
EUEUEU ! OUI ! ALLEZ, LISEZ !
ÇA VA, SEGUILIGUILI ! ON A COMPRIS !
BADAME, BADEBOISELLE, BONSIEUR, ARTICLE 32 BIS : LE SCHPOUNTZ N'EST VALABLE QU'UNE FOIS DANS LA PARTIE !
QUOI ?! ALORS ÇA, C'EST UN SCANDALE !
RÈGLE DU JEU
ET CELLE-LÀ, ELLE EST VALABLE ?!
PAF !
39B

ET C'EST LE DÉBUT D'UNE BATAILLE SANGLANTE ET SANS MERCI !
HOU ! HOU ! IL A VOULU BATTRE LE BARREMAN ! TIENS ! ATTRAPE ÇA !
PAF !
AAAIAIAIAIAIAIA
SPOINGG
PAF
AH, MAIS, ILS SE BATTENT ! JE VAIS LES SÉPARER ! JE PRENDS MON ÉLAN !
AU SECOURS ! AU SECOURS
SEGUILI-GUILI M'A MORDU !
AAAIA
PAF !
YAA !
IAIAIAI
IAIAIA !
PAF !
40A
TAIS-TOI, TOI, COLLARO !
MESSIEURS, MESSIEURS, JE VOUS EN PRIE ! C'EST MOI L'AUTEUR DU SCENARIO, CALMEZ-VOUS, IL FAUT LE TERMINER TRANQUILLEMENT !
MAIS, ENFIN, MESSIEURS !
ET D'ABORD, ATTRAPE ÇA, TIENS !...
PAF
AÏE
ÇA VA PAS, NON ? MAIS, IL EST FOU !!!
ARRÊTE !
ARRÊTE !
40B

MADAME, MADEMOISELLE, MONSIEUR, DE TOUTE FAÇON, IL EST TEMPS DE METTRE UN TERME AU SCÉNARIO... AÏE AÏE AÏE ! AIDE-MOI, MONTAGNE ! AINSI S'ACHÈVE "TOUS LES CHEMINS MÈNENT AU RHUM"...
QUOI?!
NON, MAIS, ÇA VA PAS? OH, OH ! UNE SECONDE ! ON N'VA PAS TERMINER COMME ÇA !
QU'EST-CE QU'IL Y A ENCORE?
JE VIENS DE M'FAIRE PIQUER TOUT MON POGNON AU POKER ET IL FAUDRAIT ARRÊTER LÀ-DESSUS. PAS QUESTION !
IL A RAISON, IL FAUT PAS, HIC ! J'AI ENCORE SOIF, HIPS !
41A
QUE VA-T-IL SE PASSER? AÏE ! Y AURA-T-IL UNE SUITE AÏE... CE GÉNIAL SCÉNARIO? NOUS LE SAURONS... AÏE... LA PAGE SUIVANTE !
41B

"TOUS LES CHEMINS MÈNENT AU RHUM" 42 IÈME PAGE !!!
OH, NON ! ALORS LÀ, JE SUIS DÉSOLÉ, Y'A PLUS DE PAGE ! C'EST FINI !
BONG
BONG
C'EST UN SCANDALE ! C'EST UNE CONTRE VÉRITÉ !!! Y'AURA UNE PAGE SUI-VANTE !
NON ! ALORS, LÀ, JE SUIS DÉSOLÉ ! LA ROUTE DU RHUM EST TERMINÉE. ET PUIS, LAISSEZ-MOI MA BULLE, C'EST LÀ MA PLACE, ENFIN !!!
OH, MAIS, POURQUOI ELLE EST TERMINÉE ? ON N'A PAS FINI DE BOIRE !!!
ÉCOUTEZ, RAYMOND JEAN BARRE, JE VOUS EN PRIE, UN PEU DE DIGNITÉ !!!
JE M'EXCUSE, JE M'EXCUSE ! J'AVAIS PRIS MON ÉLAN POUR CETTE NOUVELLE PAGE JE VOUS PRIE DE NE PAS M'INTERROMPRE !
ÉCOUTEZ, L'ERMITE ERRANT, JE VOUS EN PRIE ! ÇA FAIT 41 PAGES QU'ON FAIT LES PITRES...
AAIAIAIAIAIA
SBOING
PAF
42A
JUSTEMENT ! ÇA FAIT 41 PAGES QUE VOUS NOUS FAITES TRAVERSER LES PIRES AVENTURES DE NAUFRAGES, DE COMBATS ET DE SIMONE VEILLE-AU-GRAIN ! ON ÉTAIT EN TRAIN DE BOIRE UN COUP, NE NOUS INTER-ROMPEZ PAS TOUT DE MÊME !
ENFIN, MESSIEURS, IL FAUT BIEN QUE ÇA S'ARRÊTE UN JOUR !
NON ! J'VEUX PAS ARRÊTER ! J'VEUX PAS ARRÊTER !
ENFIN, MOUSSE JOBERT...
ET TOI, SEGUILIGUILI, TU N'AS RIEN À DIRE ?
EUEUEU ! SI, SI ! IL FAUT PAS QU'ON ARRÊTE DE POIS-SON ! EUEU !
J'AI, HIC ! UNE RÉSERVE DE RHUM POUR BOIRE ENCORE QUATRE PAGES !
MOI, J'EN AI ASSEZ D'ÊTRE EN BALLOTTAGE ENTRE CES DEUX PAGES !!!
42B

LE COMMENTATEUR REVIENT DE SUITE... ENFIN, PEUT ETRE!
ENFIN, MESSIEURS, ÉCOUTEZ!...
ON VEUT UNE 42IÈME PAGE!
DU RHUM, HIC! DU RHUM!
D'ABORD, IL FAUT TERMINER DANS LA DIGNITÉ!
JE SUIS TOUT A FAIT D'ACCORD AVEC VOUS! IL FAUT TERMINER DANS LA DIGNITÉ, SUR UNE 42IÈME PAGE!
ENFIN, L'ERMITE ERRANT, VOUS REBONDISSEZ TOUT LE TEMPS...
JE NE VOUS PERMETS PAS DE CRITIQUER!
PARFAITE-MENT! J'SUIS D'ACCORD AVEC LUI!
D'AILLEURS, JE LE TROUVE TRÈS SYMPATIQUE ET JE N'VEUX PAS M'EN SÉPARER!
43A
AH, ÇA, C'EST LA MEILLEURE! D'HABITUDE, VOUS N'ÊTES JAMAIS D'ACCORD... Y'A QU'À METTRE ÇA AUX VOIX!... CAPI-TAINE MARCHAIS-DEUX-DENTS, POUR OU CONTRE!
POUR CONTINUER LA LUTTE JUSQU'À LA CHUTE FINALE!
BON, BON, D'ACCORD, ON A COMPRIS!
D'ABORD, PUISQU'EN FRANCE, TOUT S'TERMINE PAR DES CHANSONS, ON VA CHANTER UNE P'TITE CHANSON!
ENFIN, SOYEZ RAISON-NABLES! SI ON CHANTE, VOUS ACCEPTEZ DE TERMINER?
PEUT ÊTRE!
D'ACCORD! MAIS, VOUS NE SAVEZ PAS CHANTER!
SI! MOI, JE SAIS CHANTER!
43B

SPOING
AAIAAIAIAIAIAIAIaia
PAF
L'HEURE DE LA SORTI...IE!
NOUS RETROUVERONS NOS SYMPATIQUES ZEROS LE PLUSTARD POSSIBLE!
JE REDÉMÉNAGE!
Fin

PAF